AF460631

Succession de M. EYRES

RICHE MOBILIER

ANCIEN ET DE STYLE

MEUBLES ANGLAIS

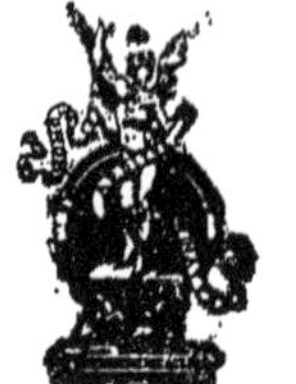

CATALOGUE

D'UN

RICHE MOBILIER

ANCIEN ET DE STYLE

Salle à manger en acajou, de travail anglais, XVIIIe siècle

MEUBLES D'ÉPOQUE LOUIS XV, LOUIS XVI ET PREMIER EMPIRE

COMMODES — SECRÉTAIRES — BUREAUX — TRIC-TRAC — TOILETTES

Meubles de style — Meubles anglais

SIÈGES VARIÉS

Ameublement de Salon en ancienne tapisserie d'Aubusson

TABLEAUX — DESSINS — GRAVURES

Anciennes Porcelaines de Chine — Faïences Italiennes

OBJETS D'ART D'ORIENT ET D'EXTRÊME-ORIENT

COFFRETS — BRONZES — LAQUES — IVOIRES

BRONZES D'ART ET D'AMEUBLEMENT

PENDULES, CANDÉLABRES, APPLIQUES

D'époque Louis XV, Louis XVI et Premier Empire

BEAUX TAPIS D'ORIENT

Dont la vente aux enchères publiques aura lieu

Après décès de M. EYRES

HOTEL DROUOT, SALLE N° 1

Les Lundi 21, Mardi 22 et Mercredi 23 Mars 1910

à deux heures

COMMISSAIRE-PRISEUR

Me F. LAIR-DUBREUIL

6, rue Favart

EXPERTS

MM. PAULME & B. LASQUIN Fils

10, rue Chauchat | 11, r. Grange-Batelière

EXPOSITION PUBLIQUE

Le Dimanche 20 Mars 1910, de 2 heures à 6 heures

CONDITIONS DE LA VENTE

Elle sera faite au comptant.

Les adjudicataires paieront *dix pour cent* en sus des enchères.

L'exposition mettant le public à même de se rendre compte de l'état et de la nature des objets, aucune réclamation ne sera admise une fois l'adjudication prononcée.

ORDRE DES VACATIONS

Le Lundi 21 Mars 1910

Tableaux, Dessins, Gravures	1 à 9
Faïences et Porcelaines.	10 à 53
Objets d'art d'Orient et d'Extrême-Orient (Coffrets, Bronzes, Laques, Ivoires, etc.).	54 à 102
Objets variés	103 à 121

Le Mardi 22 Mars 1910

Bronzes d'art et d'ameublement, Sculptures. .	122 à 165
Meubles.	166 à 221
Ameublement de salon en tapisserie, Sièges. .	222 à 250
Tapis, Tapisserie	251 à 278

Le Mercredi 23 Mars 1910

Mobilier courant.

Paris — Imp. de l'Art, CH. BERGER, 41, rue de la Victoire.

DÉSIGNATION

TABLEAUX, DESSINS, GRAVURES

ÉCOLE MODERNE

1 — *Baie de Naples vue de l'île de Capri. Marine.*
Toile. Signée et datée : *1880.*

ÉCOLE MODERNE

2 — *Entrée d'un port, avec barque de pêche.*

ÉCOLE MODERNE

3 — *Golfe de Palerme, avec yacht en rade.*

ÉCOLE MODERNE

4 — *Feuille d'éventail peinte par divers artistes : Sujets variés.*

GAENZ (Pedro)

5 — *Retour de bal.*
Toile.

HELLEU

6-7 — *Portraits de Femmes.*

Cinq pointes sèches.

OSTERLING

8 — *Danse espagnole.*

Gravure en couleurs.
Épreuve numérotée 3.

9 — Deux gravures de l'École française du XVIIIe siècle, dont une avant la lettre.

FAIENCES ET PORCELAINES

10 — Cornet en ancienne faïence italienne.

11 — Deux coupes rondes godronnées, à pieds, en ancienne faïence italienne.

12 — Paire de vases-boules en ancienne faïence italienne.

13 — Paire de petites potiches en ancienne faïence de Delft, décor bleu : personnages.

14 — Trois plats en ancienne porcelaine de Chine, décor bleu : arbustes et volatiles.

15 — Deux plats creux en ancienne porcelaine de Chine, décor bleu : personnages.

16 — Deux bouteilles en ancienne porcelaine de Chine, décor bleu : arbustes ; bordures à palmettes.

17 — Cornet en ancienne porcelaine de Chine, décor bleu : personnages et branchages.

18 — Potiche en ancienne porcelaine de Chine, décor : fleurs de pêcher réservées sur fond bleu caillouté.

19 — Pot ovoïde en ancienne porcelaine de Chine, décor bleu.

20 — Trois pots variés en ancienne porcelaine de Chine, décor bleu.

21 — Vase en céladon vert de Chine; base tripode.

22 — Cinq cornets carrés en ancienne porcelaine de Chine, décor bleu.

23 — Deux pots cylindriques couverts en ancienne porcelaine de Chine, décor bleu.

24 — Pot ovoïde à petites côtes, décor bleu, en ancienne porcelaine de Chine. Couvercle en argent.

25 — Sept théières et objets en terre de Boccaro.

26 — Statuette de divinité en céladon vert et une divinité en blanc de Chine.

27 — Six bols, Chine et Japon, décor polychrome.

28 — Coupe à pied et petit cache-pot à deux anses, décor rouge, bleu et or.

29 — Vase en porcelaine blanche et bol en porcelaine bleue de Chine.

30 — Sucrier et deux tasses et soucoupes en ancienne porcelaine de la Compagnie des Indes : médaillon à fleurs en camaïeu rose, fond carrelé à fleurettes.

31 — Paire de vases carrés en porcelaine de Chine, décor à fleurs en vert sur fond jaune.

32 — Bol en faïence de Kutani et groupe de deux personnages en porcelaine japonaise, décor en couleur, et une coupe en poterie de Satsouma.

33 — Bouteille en porcelaine de Chine, à couverte brune.

34 — Paire de pots ovoïdes en ancienne porcelaine de Chine, décor à fleurs en émaux de couleurs sur fond bleu.

35 — Deux divinités japonaises en grès émaillé de couleurs.

36 — Vase en céladon flambé et craquelé de Chine. Socle en bois noir.

37 — Coupe en porcelaine du Japon, de forme gondolée, à godrons : fleurs en couleurs.

38 — Vase à deux petites anses en céramique japonaise, décor de fleurs sur fond rouge. Socle en bois noir.

39 — Deux plats en porcelaine du Japon, décor polychrome et dorure.

40 — Sous ce numéro, pièces diverses en poterie de Satsouma : statuettes, coupes, vases, plateaux, etc., etc.

41 — Paire de potiches couvertes en poterie de Satsouma.

42 — Vase brûle-parfums en poterie de Satsouma.

43 à 47 — Lot de poterie orientale.

48 — Tasse et soucoupe en porcelaine tendre anglaise : personnage et oiseaux en dorure, fond gros bleu.

49 — Deux sucriers couverts ovales en porcelaine anglaise, et un porte-fleurs en porcelaine de *Jacob Petit*.

50 — Jardinière porte-bouquet, de forme carrée, en ancienne porcelaine de Paris à la Reine, décor or sur fond bleu.

51 — Trois tasses et soucoupes en ancienne porcelaine de Venise, décor de fleurs camaïeu violet.

52 — Paire de petits vases en biscuit de Wedgwood.

53 — Vase en porcelaine de Copenhague, décor saule.

OBJETS D'ART D'ORIENT

ET D'EXTRÊME-ORIENT

COFFRETS, BRONZES, LAQUES,

IVOIRES, ETC.

54 — Coffret turc en métal, de forme ovoïde, orné de cabochons rouges.

55 — Coffret persan en cuivre damasquiné d'or et d'argent.

56 — Bassin en cuivre niellé. Travail oriental.

57 — Vase porte-fleurs en argent émaillé, et un cygne brûle-parfums en argent gravé et doré. Travail oriental.

58 — Narghilé en cristal et argent.

59 — Deux coquilles en nacre gravée, sur pied-support en bois de fer.

60 — Vase à deux anses, à col évasé, en bronze de Chine.

61 — Théière en ancien bronze chinois, et une boite en forme de tonnelet.

62 — Paire de grandes vasques en bronze du Japon, anses têtes d'éléphants et anneaux.

63 — Deux ibis en bronze japonais.

64 — Trois coupes en pierre de lard sculpté.

65 — Deux grandes cornes de rhinocéros, sculptées et ajourées, sur socle très ouvragé en bois de fer.

66 — Deux armures de guerriers japonais.

67 — Paravent japonais à deux feuilles, à double faces, en bois, à branchages fleuris et oiseaux appliqués en laque, ivoire, nacre. Encadrement en bois de fer à feuillages laqués.

68 — Grand coffret rectangulaire en laque rouge de Pékin.

69 — Deux statuettes de personnages accroupis en bois laqué. Travail chinois.

70 — Étagère en laque de Pékin.

71 — Étagère en laque du Japon.

72 — Petit cabinet, muni de deux tiroirs, en ancienne laque du Japon. Garniture d'argent.

73 — Cabinet, à tiroirs, en laque rouge, avec applications de nacre, ivoire et burgau. Travail japonais.

74 — Petite pagode en laque d'or du Japon; divinité à l'intérieur.

75 — Étagère avec boite à compartiments en laque d'or du Japon.

76 — Flacon rectangulaire en laque d'or du Japon.

77 — Autre flacon cylindrique, forme tambourin, en laque du Japon.

78 — Coffret à compartiments en laque d'or du Japon.

79 — Statuette de divinité guerrière en bois sculpté laqué, travail japonais, et une autre statuette en bas-relief.

80 — Trois boites, dont l'une en forme de fruit, en laque d'or du Japon.

81 — Boite rectangulaire avec couvercle en laque d'or du Japon, décor à disques.

82-83 — Six pièces : boites rectangulaires ou cylindriques et un bol, en laque du Japon.

84 — Écritoire en laque du Japon.

85 — Coffre cylindrique ondulé en laque du Japon, décor or sur noir.

86 — Selle en laque de Chine.

87 — Grande statuette en bois sculpté : Mendiant japonais.

88 — Pot couvert en ivoire partiellement laqué or, forme tonnelet, une grenouille et tête de mort en ivoire.

89 — Important groupe en ivoire japonais, formé de trois personnages occupés à pêcher.

90 — Groupe de deux personnages : Vieillard et enfant. Ivoire japonais.

91 — Groupe de deux personnages : Homme et enfant. Cueillette du riz. Ivoire japonais.

92 — Autre groupe de deux personnages : Vieillard assis et enfant tenant un fruit. Ivoire japonais.

93 — Figurine en ivoire japonais : Chaudronnier.

94 — Trois pièces en ivoire japonais : Homme accroupi, Vache et étui.

95 — Petit écran chinois en bois de fer, médaillon rond en soie brodée.

96 — Trois corbeilles à anse ou sans en marqueterie de bois et corne.

97 à 102 — Nombreux objets d'Orient et d'Extrême-Orient.

OBJETS VARIÉS

103 — Deux écrans à main, gravures coloriées : Scènes de théâtre. XVIIIe siècle.

104 — Icone gréco-russe et croix en cuivre doré.

105 — Encensoir en argent ancien.

106 — Buvard-papeterie et écrin en maroquin.

107 — Aiguière et cuvette en verre taillé à rosaces. XVIIIe siècle.

108 — Grand instrument de musique à cordes.

109 — Coffre, ouvrant à tiroirs, en bois de camphrier.

110 — Grosse bouteille en verre, décorée d'une marine : Portrait de l'amiral Ruyter, peint à l'huile.

111 — Vase à eau et plat en cuivre.

112 — Petit coffret en os teinté et gravé.

113 — Pupitre en bois découpé et marqueté : médaillons, danseurs. Travail italien.

114 — Miroir-reliquaire, de forme ovale, à fronton en cuivre doré et glaces.

115 à 119 — Environ quarante pièces : verres, coupes, flacons, burettes en verre de Bohême, Venise, etc.

120 — Vase porte-fleurs en verre flambé de Tiffany.

121 — Lot d'environ soixante panneaux en cuir de Cordoue de 0 m. 75 de hauteur sur 0 m. 60 de largeur et un lot de morceaux. Pouvant faire une tenture.

BRONZES

D'ART ET D'AMEUBLEMENT

SCULPTURES

122 — Lot de vases en albâtre.

123 — Buste en marbre blanc sur piédouche, d'après l'antique.

124 — Statuette en marbre, d'après l'antique : Vénus Callipyge. Socle fût de colonne en bois.

125 — Petit buste en terre cuite : Femme, d'après l'antique.

126-127 — Quatre statuettes en bronze, d'aprés l'antique : Faune, Narcisse et Silènes.

128 — Statuette en bronze : Vénus Callipyge.

129 — Statuette de femme et anses à tête de faune en bronze, d'après l'antique.

130 — Lampe juive en métal argenté, disposée pour la lumière électrique.

131 — Suspension en bronze, avec coupe en verre.

132 — Lanterne et suspension en cuivre et bronze.

133 — Lustre en verre de Venise, à douze lumières, disposé pour l'éclairage électrique.

134 — Lustre en bronze et plaquettes en cristaux, à neuf lumières, style XVIIIe siècle, disposé pour l'électricité.

135 — Petit lustre, à huit lumières, en bronze et fer orné de fleurettes et statuettes d'amours, en porcelaine décorée, disposé pour l'électricité.

136 — Paire de bras-appliques, même modèle, pouvant accompagner le lustre précédent.

137 — Lustre Empire, à douze lumières, en bronze doré, disposé pour l'éclairage électrique.

138 — Devant de foyer Empire en bronze, à rosaces et feuillages.

139 — Paire de petits chenets en bronze, modèle à sphinx de femme. Style Régence.

140 — Paire de bras-appliques Empire, à trois lumières.

141 — Paire de chenets, style Louis XVI, en bronze, modèle à vases.

142 — Paire d'importants chenets en bronze doré, modèle à cassolettes et rinceaux. Style Louis XVI.

143 — Paire de chenets en bronze patiné et doré, à sujet chien et cerf.

144 — Paire d'appliques, à deux lumières, en bronze ciselé doré, à feuillages. Époque Louis XV.

145 — Paire de flambeaux en cuivre. Style Louis XIII.

146 — Paire de chenets en fer et cuivre. Époque Louis XIII.

147 — Paire de petits vases, style Louis XVI, en porphyre, ornés de bronzes dorés.

148 — Deux paires de petites appliques, à deux lumières, en bronze, de style Louis XVI.

149 — Paire de petits flambeaux, époque Louis XVI, figurine d'enfant porte-lumière.

150 — Paire d'appliques Louis XVI, à trois lumières.

151 — Paire de candélabres Empire, à cinq lumières, en bronze patiné et bronze doré, à figures d'anges ailés.

152 — Paire de petits flambeaux-cassolettes en agate; monture de bronzes ciselés et dorés.

153 — Paire de flambeaux, à deux lumières, formés chacun d'un triton, en bronze, disposés pour l'éclairage électrique.

154 — Paire de petits flambeaux en cuivre. Empire.

155 — Flambeaux, à deux lumières, en bronze, avec écran mobile. Style Empire. Éclairage électrique.

156 — Cartel d'applique en bronze ciselé, de style Louis XV : rocailles, guirlandes de feuillages fleuris et amours.

157 — Pendule, du temps de Louis XVI, en bronze doré, modèle à vase, à piédouche et anses têtes de satyrs et serpents ; contre-socle en marbre blanc, orné de bronzes.

158 — Pendule Empire en bronze doré : Déesse sur un char trainé par deux chevaux ailés.

159 — Paire de candélabres Empire, à quatre lumières, en bronze patiné doré, formés chacun d'une statuette de femme ailée. Sur socles carrés, avec bas-reliefs et ornements.

160 — Pendule Empire en bronze : Char de l'Amour.

161 — Paire de candélabres Empire, à cinq lumières, en bronze patiné doré : Figure de femme.

162 — Devant de foyer Empire en bronze patiné et doré.

163 — Pendule Empire en bronze doré, sujet familial : la Prière du soir.

164 — Paire de petits candélabres Empire, à trois lumières, portées par un groupe de trois femmes. Sur socles cylindriques.

165 — Paire de vases Empire en bronze. Sur socles cylindriques moulurés.

MEUBLES

166 — Commode à trois tiroirs, de forme contournée, en bois de placage, ornée de bronzes. Dessus de marbre. Époque Louis XV.

167 — Petite table-étagère en marqueterie de bois de placage, ornée de bronzes. Style Louis XV.

168 — Table à thé, à deux plateaux, en marqueterie de bois de couleurs à fleurs et rocailles. Style Louis XV.

169 — Petite table ovale en marqueterie de bois, à deux tablettes inférieures. Dessus de marbre brèche. Style Louis XV.

170 — Petite table, formant vitrine plate, en bois de placage, ornée de bronzes. Style Louis XV.

171 — Bureau bonheur-du-jour Louis XVI en acajou, enrichi de bronzes rapportés.

172 — Bureau à cylindre en acajou, époque Louis XVI, enrichi de bronzes rapportés.

173 — Meuble, ouvrant à quatre portes, en marqueterie de placage à carrelages et fleurettes. Il est richement orné de bronzes ciselés et dorés, avec dessus de marbre. En partie de l'époque Louis XVI.

174 — Meuble-toilette, transformée en table à jeu, en bois sculpté, à décor de rinceaux. Louis XVI.

175 — Meuble, ouvrant à quatre portes, en marqueterie de bois de placage à carrelages, fleurettes et trophés. Il est richement orné de bronzes rapportés. Dessus de marbre blanc. Estampille de *Jansen*. En partie de l'époque Louis XVI.

176 — Commode demi-lune, ouvrant à tiroir, avec portes latérales, époque Louis XVI, enrichie de bronzes rapportés. Dessus de marbre brèche violette. Estampille de *Gillet*.

177 — Guéridon, à quatre pieds gaines réunis par un croisillon à corbeille, en acajou richement orné de bronzes.

178 — Guéridon, à trois pieds, en acajou, orné de bronze. Style Louis XVI.

179 — Table à jeu pliante en acajou.

180 — Vitrine en bois sculpté doré, ouvrant à deux portes. Style Louis XVI.

181 — Petite table rectangulaire en bois de rose, avec tablette inférieure. Dessus de marbre orné de bronzes. Style Louis XVI.

182 — Table tric-trac, avec dessus mobile en bois de placage. XVIIIe siècle.

183 — Grande servante en acajou, ouvrant à portes, tiroirs et coulisses. Travail anglais, XVIIIe siècle.

184 — Console-servante en acajou. Travail anglais, XVIIIe siècle.

185 — Glacière en acajou, forme ovale. Travail anglais, XVIIIe siècle.

186 — Petit meuble à dessus, ouvrant à charnières, en acajou et citronnier.

187 — Paire de gaines formant armoire, supportant un vase, en acajou et citronnier. Travail anglais, XVIIIe siècle.

188 — Petit trumeau en bois sculpté, avec miroir, encadré en dorure.

189 — Table-toilette Empire en acajou et bois sculpté, partiellement doré, à pieds X et traverses. Elle est munie d'une glace mobile. Garniture de bronzes dorés.

190 — Autre meuble-toilette Empire en acajou, à pieds colonnettes et glace.

191 — Écran Empire en bois sculpté et doré, garni d'une feuille en satin broché.

192 — Lit Empire en acajou sculpté et rehauts de dorure, à motifs de cornes d'abondance, corbeille et arc.

193 — Table de nuit Empire, cylindrique, à cannelures, en acajou, ornée de bronzes. Dessus de marbre blanc.

194 — Petite table-support de toilette, ronde, à trois pieds colonnettes, en acajou, ornée de bronzes. Empire.

195 — Coffre en bois, avec façade sculptée.

196 — Guéridon à trépied en bois de placage, de style anglais.

197 — Petite table rectangulaire, de forme contournée, en acajou sculpté. Tablette inférieure. Style anglais.

198 — Vitrine d'angle, ouvrant à quatre portes, en acajou. Style anglais.

199 — Vitrine-bibliothèque, ouvrant à deux portes, en acajou. Style anglais.

200 — Petite table-liseuse en acajou. Style anglais.

201 — Petite table à thé rectangulaire, avec plateau mobile, en acajou. Style anglais.

202 — Deux servantes, à trois plateaux circulaires, en acajou.

203 — Table carrée à allonges en acajou. Style anglais.

204 — Grande armoire, ouvrant à quatre portes, en acajou sculpté et peint blanc.

205 — Armoire-chiffonnier. Même style.

206 — Table-toilette. Même style.

207 — Deux tables de chevet. Même style.

208 — Petite armoire d'entre-deux.

209 — Glace psychée.

210 — Bureau, à abattant et tiroirs, en acajou sculpté et incrusté de cuivre. Style anglais.

211 — Très grande armoire anglaise, à portes et tiroirs, en acajou sculpté et peint blanc.

212 — Guéridon, à pied tripode, en acajou. Style anglais.

213 — Table en marqueterie, à piètement tourné.

214 — Petite armoire basse, porte et tiroir, en bois sculpté. Dessus de marbre.

215 — Deux petits supports tripodes en acajou.

216 — Deux supports en bois de fer rond ou carré. Dessus de marbre.

217 — Meuble-étagère, avec portes, en bois dur, incrustations d'ivoire, nacre et parties laquées. Travail chinois.

218 — Coffre, à couvercle bombé, en cuivre et velours.

219 — Table-rognon en bois de placage.

220 — Petite table-vitrine rectangulaire en bronze doré.

221 — Table ovale, formant vitrine, à pied en forme de lyre et tablette ovale, en bois de placage orné de bronzes.

AMEUBLEMENT DE SALON

EN TAPISSERIE

SIÈGES

222 — Ameublement de salon en ancienne tapisserie d'Aubusson, de la fin du XVIIIe siècle : Personnages aux dossiers, animaux sur les sièges. Il comprend un canapé, quatre fauteuils en bois sculpté et doré. Style Louis XVI.

223 — Fauteuil de bureau, canné, en bois mouluré. Époque Louis XV.

224 — Deux chaises légères en bois sculpté et doré, cannées. Style Louis XV.

225 — Lit de repos en bois sculpté et doré, recouvert de soie brochée. Style Louis XV.

226 — Deux fauteuils et deux chaises en bois sculpté et doré, recouverts de soie brochée à fleurs. Style Louis XV.

227 — Petite chaise longue, cannée, en bois sculpté et doré, coussin mobile. Style Louis XV.

228 — Fauteuil en bois sculpté redoré, à dossier ovale, ornementations d'entrelacs. Époque Louis XVI. Garniture de soie brochée.

229 — Petit canapé à dossier droit en bois sculpté redoré, à ornementations d'entrelacs. Époque Louis XVI. Garniture et coussin mobile en soie brochée.

230 — Quatre tables turques.

231 — Lit de repos Empire en bois doré, à pieds griffes, et volutes portant le chiffre de Napoléon, garni en velours gris épinglé.

232 — Deux fauteuils Empire en bois doré, pieds griffons.

233 — Banquette Empire en acajou et bois sculpté doré. Époque Empire.

234 — Quatre fauteuils Empire en acajou, à accotoirs dauphins, garnis de bronzes, recouverts de satin broché rouge et blanc.

235 — Bergère Empire en acajou, à pieds cariatides, garnie de bronzes et recouverte ainsi que le coussin mobile de satin broché rouge et blanc.

236 — Fauteuil de bureau en bois sculpté, à tête d'ange.

237 — Grand fauteuil. canné, en bois et incrustations d'os.

238 — Tabouret oriental en marqueterie de nacre.

239 — Fauteuil en bois sculpté redoré, à dossier médaillon, ornementation de ruban et rosace. Époque Louis XVI. Garniture de soie brochée à rayures.

240 — Fauteuil en bois sculpté et doré, à dossier carré, garni de tapisserie quadrillée à fleurs, fond rose. Style Louis XVI.

241 — Petite banquette en bois sculpté peint blanc, recouverte de soie verte. Style Louis XVI.

242 — Bergère en bois sculpté et doré, garnie de soie brochée. Style Louis XVI.

243 — Canapé rectangulaire en bois sculpté et doré, style Louis XVI, recouvert et muni d'un coussin en soie brochée, fond rose.

244 — Chaise-chauffeuse en bois sculpté, de style Louis XVI, recouverte en cuir.

245 — Deux fauteuils, dossiers à gerbe ajourée, en acajou. Travail anglais, XVIIIe siècle.

246 — Deux grands fauteuils et deux chaises, à dossier ajouré, en acajou. Travail anglais, XVIIIe siècle.

247 — Deux chaises hollandaises en bois doré. XVIIIe siècle.

248 — Siège de traineau en bois sculpté peint et doré. Travail hollandais.

249 — Canapé en bois peint. Ancien travail hollandais.

250 — Fauteuil, chaise et paravent moucharabies.

TAPIS, TAPISSERIE

251 — Tapis carré, orné d'applications de broderies; sous verre.

252 — Bannière chinoise brodée.

253 — Fragment de tapisserie flamande, sujet à personnages dans un paysage.

254 à 257 — Lot de peaux d'animaux transformées en tapis.

258 — Grande carpette orientale, dessins réguliers sur fond bleu; bordures en couleur.

259 à 264 — Six carpettes galeries, d'Orient.

265 à 277 — Treize carpettes et tapis de prière, d'Orient.

278 — Tapis, genre Smyrne, fond rouge.

279 — Sous ce numéro, objets omis.

280 — Mobilier courant.

www.ingramcontent.com/pod-product-compliance
Ingram Content Group UK Ltd.
Pitfield, Milton Keynes, MK11 3LW, UK
UKHW021044180726
13838UKWH00004B/1999

9 782329 511863